Alkuajatus

Opi kuuntelemaan itseäsi 1
AKTIIVIKIRJA

Yhdistetty Internet-palvelu ja kirja

*"Älä anna hänelle uskomuksia tai valmiita vastauksia,
opeta hänet kuuntelemaan itseään."*
Hannu 2013

2

Vastuu: Lukija on yksin vastuussa siitä miten hän käyttää kirjaa, ymmärtää kirjan sisältöä ja mitä hän kirjan perusteella tekee tai kokee. Yksikään taho, joka on ottanut osaa kirjan kirjoittamiseen, valmistamiseen, toimittamiseen tai muulla tavalla osallistunut asiaan, ei ole vastuussa mainituista asioista välittömästi tai välillisesti.

Kirjan koko sisältö kansineen on tekijänoikeuslain suojaama.

Sisällön lainaaminen lain hengen ja hyvien tapojen vastaisesti on ehdottomasti kielletty. Kirjan tekstiä tai kuvia ei saa kopioida kokonaisuudessaan tai osittain millään tavalla tai missään muodossa mihinkään.

www.alkuajatus.org

Alkuajatus: Opi kuuntelemaan itseäsi 1 aktiivikirja

Tekijänoikeus: Hannu 2013
Kirjoittaja: Hannu
Kansi, kuvitus ja taitto: Hannu
Alkuperäiskieli: Suomi
1. painos, julkaistu vuonna 2013

Kustantaja: Books on Demand GmbH, Helsinki, Suomi
Valmistaja: Books on Demand GmbH, Norderstedt, Saksa

ISBN: 9789522866622

Sisällysluettelo

Älä kopioi tai plagioi tämän kirjan ajatuksia. Jos koet ne sen arvoisiksi, että haluat kertoa niistä, ole vastuullinen ja kerro ihmisille tästä kirjasta eli ajatuksen lähteestä, älä vain omista ajatuksistasi, jotka syntyvät tämän kirjan ajatuksen perusteella. Auta ihmiset saman lähteen äärelle. Muu olisi epärehellistä ihmisiä kohtaan ja myös itseäsi kohtaan.

Alkuajatus on itsenäinen, alkuperäinen ajatus ja oma kokonaisuutensa, joka ei perustu muihin ajatuksiin. Älä sotke eri ajatuksia keskenään tarkastellessasi asioita. Kukin on omansa ja tarkastelee asioita omasta näkökulmastaan. Ne eivät ole samoja ajatuksia, vaikka niissä olisi jotain samankaltaisuutta tai ne käsittelisivät samoja asioita.

Kun puhumme sisäisen maailmamme tiedosta, vain alkuperäisellä tiedolla on arvo. Tietoa sisäisestä löytää vain paneutumalla omaan sisimpäänsä. Ulkoa päin tehty tutkimus ei tuota tietoa sisäisestä, se tuottaa tietoa ihmisten reaktioista ja käyttäytymisestä. Sillä tutkimuksella ei ole mitään suoraa suhdetta ihmisen sisimpään.

Tieto, joka on koottu toisten sisältään löytämän perusteella, on toisen käden tietoa, jonka kertojalla ei ole omaa suoraa suhdetta tietoon. Ilman omaa henkilökohtaista sisäisen todellisuuden näkemistä se on ajattelun tuote, mielikuvituksen tuote.

Totuus ei ole koktaili, joka voitaisiin kerätä kasaan vähän sieltä täältä oman mielen mukaan näennäisesti yhteensopivista palasista, tai löytää ulkoa käsin tutkimalla ja luoda ajattelemalla.

Tämä teos

Tämä teos ei kerro sinulle valmiita vastauksia. Tämä teos auttaa sinua tarkastelemaan asioita siten, että löydät sisältäsi omat vastauksesi.

Tässä teoksessa paneudutaan oman itsen kuuntelemisen kannalta katsoen perusasioihin, jotka ovat ehdottoman tärkeitä ymmärtää, jotta itseään voisi oppia kuuntelemaan lainkaan.

Alkuajatus ei tee kenestäkään omaa itseään. Alkuajatus auttaa henkilöä lähestymään aitoa minuuttaan asioita tarkastelemalla ja oivaltamalla.

Alkuajatus ei kerro miten tulee elää, millainen tulee olla, mikä on oikein tai väärin, hyvä tai huono. Kaikki nämä ovat asioita, joihin kunkin tulee vastata itse itselleen.

Tähän kirjaan on hyvä paneutua kunnolla. Ilman hyvää paneutumista tämä toimii yhtä hyvin kuin syömätön ruoka.

On hyvä tiedostaa, että henkilön sisimpään ei voi paneutua kukaan toinen, vain henkilö itse. Jos ei itse vaivaudu, mikään ei muutu, eikä mikään tule paremmaksi, huonommaksi kylläkin.

Tähän kirjaan voi paneutua perusteellisesti ja samalla ottaa askelen kohti suurempaa sisäistä vapautta. Tai tämän voi lukaista pikaisesti läpi ja menettää tilaisuutensa löytää etsimänsä.

Tämän kirjan annista suurin osa syntyy lukijan omista oivalluksista, jotka ovat tulosta hyvästä paneutumisesta ja ne ovat tämän kirjan tavoite.

Miksi vaivautua sisäisen vapauden tähden?

Käytämme elämästämme ainakin pari ensimmäistä vuosikymmentä kasvaaksemme olemaan joku toinen. Olemme nähneet paljon vaivaa sen eteen ja oppineet maailman arvot ja maailman opettamat vastuut.

Saatamme kokea henkilömme olevan opetetun mallin mukaan oikein rakennettu ja haluamme saavuttaa luvatun palkinnon eli menestyksen.

Emme halua huomata, että henkilömme ei olekaan oma itsemme, eikä se vastaa omaa sisäistä tahtoamme, eikä opittu todellisuuskäsitys ole totta.

 *1. Miksi koemme vaikeaksi luopua opetetuista malleista?*

Sen sijaan, hyvin tavallisesti, haluamme etsiä ratkaisuja, joilla voisimme korjata henkilöämme siten, että voisimme menestyä paremmin opittujen unelmien toteuttamisessa.

 *2. Miksi pyrimme korjaamaan henkilöämme opetettujen mallien hyväksi?*

Saatamme ajatella, että sisällä tuntuva huono olo on jokin vika, joka estää meitä tahtomme toteuttamisesta, huomaamatta, että se huono olo on seurausta siitä, että olemme väärällä tiellä, emme oman aidon tahtomme tiellä, vaan meille opetetun tahdon tiellä.

Maailman ajatukseen perustuvat opit haluavatkin meidän uskovan, että sisäinen huono olo on jotain, mikä pitäisi korjata siten, että voisimme paremmin toimia opetetun tahdon mukaan.

8

Sisäiseen vapauteen paneutuminen ratkaisee ongelman, todellisen ongelman, joka on aidon oman tahdon korvautuminen opetetun arvomaailman mukaisella epäaidolla tahdolla.

Ilman sisäiseen vapauteen paneutumista emme voi olla aidosti omia itsejämme, emmekä aidosti vapaita. Olemme opittujen ajatusten eli valtapelin ajatusten vankeja.

 *3. Miksi aitous edellyttää sisäistä vapautumista?*

Moni voi kokea, että on niin raskasta paneutua sisimpäänsä, ja kokea opetettujen arvojen aineelliset päämäärät sekä niillä arvoilla saatavan suosion niin tärkeinä, että he eivät halua luopua niistä.

Itse kunkin olisi hyvä pysähtyä hetkeksi ja kysyä itseltään, että haluanko olla aito itseni ja toteuttaa aitoa tahtoani, vai haluanko olla joku toinen ja olla osa valtapeliä ja sen valhetta.

 *4. Miksi maailman ajatus, valtapeli, ei suosi henkilön aitoa tahtoa?*

Joku saattaa kokea todellisen minuutensa lähestymisen raskaana ja vaikeana, etenkin jos hän kaipaa ulkoista vahvistusta niiltä, jotka haluavat hänen olevan opetetun ajatuksen mukainen ja täyttävän heidän arvojaan.

 *5. Onko jokin määrä vaivaa niin suuri, että se tekisi omaksi itsekseen tulemisen kannattamattomaksi?*

Ulkoista alkuperää olevat ajatukset antavat ulkoista arvostusta ja niiden varassa oleva henkilö etsii ulkoista arvostusta. Hän on riippuvainen toisten hyväksynnästä ja suosiosta. Hän on ulkoisten ajatusten vanki ja hän kokee sisäisesti tyhjyyttä siinä määrin kuin hän on itselleen siitä rehellinen.

 *6. Miksi ulkoiset arvostukset tekevät riippuvaiseksi ulkoisesta arvostuksesta?*

Sisäistä eli omaa alkuperää olevat ajatukset antavat sisäistä arvotusta. Henkilö kokee itse niiden arvon ja hän kokee sisäistä tasapainoa. Hän ei ole riippuvainen toisten hyväksynnästä. Hän on sisäisesti vapaa ja kokee henkistä tyydytystä elämänsä tarkoituksen toteutumisesta.

 *7. Miksi aidosta omasta tahdosta, omasta sisäisestä maailmasta, nouseva arvostus ei ole riippuvainen ulkoisesta arvostuksesta?*

On olemassa vain yksi aito minuus, yksi aito oma tahto.

Ei ole vaihtoehtoja, eikä sitä tosiasiaa muuta kenenkään mielipide, ei edes oma.

Siksipä pitäisikin kysyä itseltään, että paneudunko sisäiseen vapauteen, vai jatkanko itseni hylkimistä olemalla joku toinen?

Kuinka paneutua?

Tätä kirjaa voi käyttää useammalla tavalla. Kullakin tavalla käyttäen on hyvä huomata kysymysten olevan olennainen osa kokonaisuutta, ne auttavat asian ymmärtämistä. Ne vahvistavat asian tarkastelua kiinnittämällä huomion tärkeisiin seikkoihin. Kun mieleesi nousee omia kysymyksiäsi, keskity myös niihin hyvin ja huolellisesti.

1. Paneutua itsekseen

Voi tehdä työtä itsekseen. Silloin lukija paneutuu asiaan kaikessa rauhassa ja vastailee kysymyksiin itsekseen omassa rauhassaan.

Kysymyksiin vastaaminen on silloin hyvä tehdä vaikkapa kirjoittamalla vihkoon.

Olennaista on kunnollinen asiaan paneutuminen. Oivallukset eivät tipu lahjana taivaasta. Ne on itse saavutettava.

 *8. Miksi oivallusten eteen on nähtävä vaivaa?*

2. Oivallusillat

Oivallusilta on tilaisuus, jonka kuka tahansa voi pitää kotonaan. Ystävät kerääntyvät yhteen ja nauttivat oivallusten illasta.

Jokaisella tulee olla oma kirja, jotta paneutuminen todella tapahtuisi kaikessa rauhassa. Kirja on hyvä olla niin kotona kuin oivallusilloissakin.

Kukin paneutuu itsekseen ja itsenäisenä valittuun lukuun.

Kun kaikki ovat asian tarkastelussaan valmiit, käydään ohjaajan johdolla koko kappale läpi, luku kerrallaan, ja tarkastellaan yhdessä mitä teksti tarkoittaa, jotta varmistauduttaisiin siitä, että kenelläkään ei ole epäselviä kohtia luetussa.

Sen jälkeen ohjaaja lukee kysymyksen kerrallaan ja osallistujat, joista ohjaaja on yksi, kertovat omista oivalluksistaan, joita syntyi lukemisen aikana tai sen jälkeenkin.

Tähän läpikäymiseen kannattaa soveltaa Alkuajatuksen Oivallusillanoppaan ohjeita. Se löytyy Alkuajatuksen kotisivun toimintaosiosta. Oivallusillanopas on ilmainen.

Ohjaajana toimivan on hyvä myös osallistua Alkuajatuksen Oivalluspajaan tai Oivalluschattiin, mutta se ei ole välttämätöntä.

Ohjaaja voi vaihdella kerrasta toiseen. Ohjaaja ei ole opettaja, hän pitää keskustelun asiassa ja huolehtii sen etenemisestä sopivalla tahdilla. Tarvittaessa hän jakaa puheenvuoroja.

Tämä muoto on yleensä itsekseen opiskelemista antavampi, koska voi samalla kasvattaa ymmärrystään siitä, miten toiset asian kokevat ja kokea läheisyyttä toisiin. Lisäksi omat oivallukset terästyvät, kun ne kerrotaan toisille ja samalla saa mahdollisesti toisilta jotain, mikä auttaa huomaamaan lisää.

Oivallusilta rakentaa myös ryhmän todellisuutta. Se on hyvän keskustelun tilaisuus, jossa kukin saa vapauden ja tilan olla avoin ajatuksistaan, elämännäkemyksestään.

Oivallusillat kohentavat osallistujien ja ryhmän elämännäkemystä. Ryhmän kohentunut elämännäkemys helpottaa jäsenten elämännäkemyksen kohenemista edelleen.

 *9. Millä tavalla Oivallusilta voi olla hyödyllinen asian tarkastelussa?*

12

Lataa viimeinen versio Oivallusillanoppaasta kotisivulta www.alkuajatus.org

3. Aktiivichatti netissä

Kirjan aiheista keskustellaan netissä Aktiivichatissa.

Voit osallistua myös Alkuajatuksen Oivalluschattiin, jolla on mielenkiintoisia keskusteluita herättäviä pieniä aiheita elämästä.

Katso kotisivulta www.alkuajatus.org Aktiivi- ja Oivalluschattien viikkokalenteri.

Lyhyt Oivallusillan ohje

Oivallusilta ei poista itsenäistä työskentelyä. Tulee huomata, että itsenäinen työskentely on asian itsenäistä tarkastelua. Oivallusillassa kukin tarkastelee asiaa itsenäisesti ja keskustelu on itse tehtyjen havaintojen ja oivallusten esille tuomista.

Oivallusten jakaminen voi auttaa toisia ja itseäkin huomaamaan jotain, mikä muuten ei olisi noussut esille. Se auttaa myös näkemään miten toiset käsittävät elämää ja se kohottaa ryhmän yhteisen käsityksen tasoa.

Tarkoitus ei ole, että kysytään toisilta mitä jokin on tai tarkoittaa. Kunkin tulee kysyä sitä itseltään, koska vain se tuo selkeyden asiassa kullekin itselleen. Voi kuunnella toisia, mutta ei pidä uskoa mitään, vaan löytää ymmärtäminen sisältään.

 *10. Miksi on tärkeää, että kukin kysyy itseltään?*

Ei pidä yrittää loistaa ja tehdä vaikutusta toisiin. Pitää pyrkiä ymmärtämään ja oivaltamaan asia itselleen.

Keskustelu ei ole väittelyä, eikä ketään saa vaatia johonkin tiettyyn käsitykseen.

Keskustelussa on hyväksi nostaa esiin käytännön esimerkkejä elämästä ja on hyvä muistaa, että keskeisesti kysymys on oman henkilön ja oman ymmärryksen tarkastelusta, ei toisten opettamisesta tai arvostelemisesta.

Tiedon ymmärtämisen ja oivallusten avain on vastuu, jonka kukin ottaa itsestään, omasta käsityksestään. Vastuu on tässä asiassa rehellisyyttä itselle.

Seikkaperäisemmät ohjeet löytyvät aiemmin mainitusta oppaasta.

 *Alkuajatuksen kotisivulla www.alkuajatus.org voi kysyä asiasta lisää halutessaan.*

Miten tarkastella?

Lue kaikessa rauhassa tämä kirja, älä kiirehdi. Tarkastele asioita sotkematta aiempia käsityksiäsi niiden tarkasteluun.

Yksi tärkeimpiä asioita on asioiden tarkastelutapa ja muut asian lähestymiseen liittyvät asiat. Älä aliarvioi niiden merkitystä.

Pysähdy kysymysten kohdalla tarkastelemaan kysymyksiä ja niiden vastauksia. Se auttaa asiaan paneutumisen syventämisessä.

 *11. Miksi kysymyksiin kannattaa syventyä kaikessa rauhassa?*

Lue mielellään tämä kirja moneen kertaan. Lähesty joka kerta asiaa ikään kuin se olisi uusi. Älä pidä kiinni aiemmin syntyneestä käsityksestäsi tai pyri vahvistamaan sitä.

Lähestymällä joka kerta mieli avoimena, antaa tilaa uusille havainnoille, havainnoille, jotka muuten eivät tulisi mieleen tai tulisivat hitaammin.

Jos pidämme kiinni aiemmista käsityksistämme, emme tosiasiassa tarkastele kirjoitetun suhdetta todellisuuteen, tarkastelemme kirjoitetun suhdetta aiempiin käsityksiimme. Se ei auta meitä näkemään sitä mitä kirjoitus esittää, se rajoittaa meidät aiempien käsitystemme ehtoihin.

Jos etsimme toivomiamme vastauksia tai oikeina pitämiämme vastauksia, suljemme silmämme näkemästä niitä vastauksia, jotka mieleemme aidosti tulevat.

Jos etsimme aiemmille käsityksillemme vahvistusta, etsimme mahdollisesti vahvistusta ajatukselle, joka pitää meitä kiinni jossain mikä ei ole meitä itseämme.

Silloin emme huomaa sitä vastausta, jota oikeasti tarvitsisimme ja etsimme.

On hyvä tarkastella asiaa siten, että ei ole mitään mieltä, eikä etsi tiettyjä vastauksia, vaan pysyy avoimena sille mikä nousee mieleen.

 *12. Miksi avoin mieli on tärkeä?*

Mitä tarkastella?

Tämä kirja ei ole tarkastelun varsinainen kohde, tämä on väline siihen, että paikantaa ja näkee sisällään sen mistä tämä kirja puhuu. Tarkastelun varsinainen kohde on oma sisin. Silloin tarkastellaan sisäistä todellisuutta, ei ulkoisia sanoja.

Kun paneutuu moneen kertaan tämän kirjan kuvailemiin asioihin ja käyttää kirjaa keskittymisen apuvälineenä, nousee mieleen uusia oivalluksia ja käsitys asiasta paranee.

Myös ulkoista maailmaa ja toisia ihmisiä voi tarkastella Alkuajatuksen tiedon valossa, mutta silloinkin on hyvä muistaa tarkastella ensisijaisesti omaa sisintään, omia käsityksiään.

 *13. Miksi tarkastelun varsinainen kohde on oma sisin?*

Ei tule arvostella toisia henkilöitä tai omaa henkilöään, sillä se ei ole asian tarkastelua, vaan se on jonkin käsityksen soveltamista.

Tällöin sovellettava käsitys on opitun ajattelun näkökulmassa, se ei ole vapautta kasvattava näkökulma, se on sitä tukahduttava.

Yhtälailla ei tule arvostella niitä ajatuksia ja vastauksia, jotka nousevat mieleen. Niitä tulee tarkastella, ei arvostella.

 *14. Miksi ei pidä arvostella mieleen nousevia ajatuksia?*

Mieleen nousevat ajatukset ovat usein kuin oraita, joiden tulee kasvaa, ennen kuin niistä selviää mitä ne ovat. Kiireetön ja tinkimätön asioiden tarkastelu saa oraan kasvuun.

Mitä vastauksia etsimme?

Toisten mielipiteillä tai käsityksillä ei ole mitään arvoa silloin, kun etsitään omia vastauksia.

Omien vastausten ei ole pakko olla ihan eri asia, mutta niiden alkuperän tulee olla omassa itsessä. Vain silloin kukin ymmärtää käyttämänsä vastaukset itse, ja ne ovat vastauksia suhteessa omaan elämään ja omaan näkökulmaan.

Ne voivat poiketa paljonkin yleisestä mielipiteestä tai toisten käsityksistä, eikä ole olemassa mitään sitovaa ulkoista sääntöä siitä, mitä omat vastaukset saavat olla, tai mitä niiden tulisi olla.

Ainoana sääntönä voi pitää sitä, että niiden tulee olla tosiasiallisesti omia vastauksia itselle. Mitä rehellisempi on itselleen, sitä aidommin vastaukset ovat todella omia.

Tällöin henkilö vastaa itse itselleen ja se on ainoa reitti omiin oivalluksiin asiasta. Erilaisten ulkoisten vastausten ja neuvojen löytäminen on helpompaa, mutta vain omilla on arvo.

 *15. Miksi on tärkeää vastata itse itselle?*

Ulkoisilla vastauksilla ei ole suoraa suhdetta kenenkään omaan aitoon tahtoon. Ne eivät ole omia vastauksia ja niiden käyttö syrjäyttää tai jättää huomiotta aidon oman vastauksen, joka on edellytys aidosti itsenäiselle elämälle. Mitä keskeisemmistä vastauksista oman elämän suhteen on kysymys, sen tärkeämpää on löytää oma vastaus.

 *16. Miten ulkoinen vastaus voi vaikuttaa omaan vastaukseen?*

Mistä aloitamme?

Voidaksemme lähestyä elämän peruskysymyksiä, meidän on aloitettava alusta eli siitä, että tarkastelemme miten jouduimme siihen missä olemme, millä tavalla ja miksi oppimamme todellisuuskuva on valhe sekä miten lähestyä totuutta.

On syytä tarkastella kutakin asiaa paljon, moneen kertaan, jotta voisi murtaa opittujen ajatusten määräävän aseman todellisuuden ymmärtämisessä ja määrittelemisessä.

 *17. Miksi opittujen ajatusten määräävä asema omassa mielessä tulee murtaa?*

Voisimme verrata tätä siihen, että olemme talloneet pitkän matkan harhapolkua, polkua, jonka maailma opettaa ja lupaa vievän kaikkeen hyvään sekä olevan omaksi parhaaksemme.

Kun aikamme olemme sitä polkua kulkeneet, huomaamme, että sitä hyvää ja sitä itselle parasta ei löydy. Sen sijaan löytyy tyhjä ja tarkoitukseton elämä.

Tämä polku on ajatusten polku, todellisuuskäsitys, jota olemme seuranneet, koska meille sitä opetettiin.

 *18. Miksi elämään pettyminen ja turhautuminen on tavallista?*

Löytääksemme takaisin siihen kohtaan, jossa polku erkani omastamme, joudumme palaamaan polkua pitkin takaisin.

Kun tarkastelemme ajatuksia, jotka luovat todellisuuskuvamme ja paljastamme itsellemme mikä vei harhaan, puramme sitä polkua.

Tämän kirjan avulla aloitamme harhapolun purkamisen ja sitä myöten kuin se hälvenee, lähestymme aidon oman itsemme ja oman tahtomme polkua eli vapaudumme sisäisesti.

Totuus ei palkitse nopeutta ja tietojen keräämistä, se palkitsee vain ja ainoastaan asian ymmärtämisen laadun.

Tässä yhteydessä laatu on läheisyyttä totuuteen.

 *19. Miksi totuus ei palkitse tietojen keräämistä ja nopeutta?*

Miten saavuttaa totuus?

Totuuden saavuttaminen sisäisessä maailmassa ei ole totuuden oppimista, se on totuuden muistamista, muistiin palauttamista.

Jokaisella on jo totuus sisällään, se on ainoastaan piilossa valheiden alla.

Siksi ajatteleminen ei tuota tulosta, eikä totuutta voi löytää johdonmukaisella ajattelulla, eikä sitä voi rakentaa hyvinä pidettyjen arvojen pohjalta.

 *20. Miksi totuutta ei löydä ajattelemalla?*

Mikään ei ole totta siksi, että se on jonkun mielestä kaunista ja arvostettavaa.

Se mikä on totta, on totta, eikä se muutu mieliksemme, eikö sitä saavuta keksimällä kauniin tuntuisia tai joidenkin hyväksyntää nauttivia ajatuksia.

Totuus on kaunis itsessään. Luotujen ajatusten kauneus on katsojan silmissä.

 *21. Miksi luotujen ajatusten kauneus on katsojan silmissä?*

Tie totuuteen kulkee valheiden paljastumisen kautta.

Kun valhe heikkenee tai katoaa, nousee totuus esiin siksi, että se on aina ollut siellä. Ilman valheiden paljastamista totuutta ei voi löytää.

 *22. Miksi tie totuuteen kulkee valheiden paljastumisen kautta?*

Totuuden löytämistä ja valheiden paljastamista auttaa hyvä ja totta oleva kuvaus sisäisestä maailmasta, mutta vain omakohtainen oivallus eli näkeminen vie perille.

 *23. Miksi vain omakohtainen oivallus vie perille?*

22

Uutta ja lisää?

Ihmiselle on tavallista haluta uutta tietoa ja lisää tietoa.

Jos tätä sovelletaan oman sisäisen tarkasteluun, on oletuksena, että olennaisin asia on tiedon määrä.

Tämä suosittu ajatustapa on enemmän viihteen etsimistä kuin tiedon etsimistä ja se on kärsimättömyyden perikuva.

 *24. Miksi ihminen haluaa uutta ja lisää, eikä paneutua kunnolla siihen mitä jo on käsillä?*

Sisäisen ymmärtäminen ei perustu tiedon määrään, se perustuu sisäisen oivaltamiseen.

Totuus, joka johtaa sisäiseen vapauteen, ei ole tavattoman paljon tietoa, se on ennen kaikkea oivalluksen syvyyttä, joka avaa totuuden tarkastelijalle.

Jotta voisimme ymmärtää sisintämme, meidän tulee ensisijaisesti etsiä uusi uusista oivalluksista.

On hyvä tarkastella uutta aineistoa, mutta muistaen, että samojen aineistojen tarkastelu yhä uudestaan ja uudestaan johtaa uusiin oivalluksiin.

Parhaat oivallukset aiheesta alkavat tulla sitten, kun aihetta on tarkasteltu kyllästymisvallin tuolle puolen moneen kertaan. Juuri, kun alkaa uskoa, että jostain ei enää saa lisää irti, syntyy uusi oivallus, joka parantaa selvästi aiempaa käsitystä asiasta.

 *25. Miksi kärsivällinen yhä uudelleen tarkastelu avaa mielen uusille oivalluksille?*

Älä usko tietoon

Uskomisessa on valheen siemen.

Tässä yhteydessä sanalla uskoa tarkoitetaan jonkin väittämän hyväksymistä todeksi ilman, että sen voisi itse todeta todeksi.

Jos jokin tieto on totta, sitä voi tarkastella ja kyseenalaistaa tuhannesti, eikä se kaadu siihen. Tarkastelu vahvistaa käsitystä asiasta, ainoastaan valheet kaatuvat tarkempaan tutkiskeluun.

Mihinkään tietoon, joka on totta, ei tarvitse uskoa.

Uskominen lakkauttaa asian tarkastelun, se jähmettää johonkin ajatukseen, josta henkilöllä ei itse asiassa ole edes käsitystä, hän vain hyväksyy sen.

Henkilö lakkaa tarkastelemasta todellisuutta, hän tarkastelee uskonsa mukaisia ajatuksia.

 *26. Miksi uskomisessa on valheen siemen?*

Valheisiin tulee uskoa, koska ne eivät kestä tarkastelua.

Uskomisen kohteena voi olla esimerkiksi jonkin uskonnon oppi, tieteenä esiintyvä oppi tai moraalioppi vailla uskonnollisia sidoksia.

Mikä tahansa ajatus, joka vaatii määräävää asemaa, vaatii uskomista.

 *27. Miksi totuus kestää tarkastelun?*

Voiko elämää ja toisia ihmisiä ymmärtää?

Jos kykenemme luopumaan sellaisesta mikä ei ole totta, voimme ymmärtää todellisuutta sellaisena kuin se on.

Kun tarkastelemme todellisuutta, sovellamme sen selittämiseen käsityksiämme. Jos käsityksemme on osin tai kokonaan valhetta, emme näe todellisuutta sellaisena kuin se on.

 *28. Miten valheet vaikuttavat kykyyn nähdä todellisuutta?*

Todellisuuden ymmärtäminen ei ole vaikeaa, jos mieli ei ole täynnä valheellista ja monimutkaista tietoa.

Valheet ovat useimmiten monimutkaisia. Niiden kyky selittää todellisuutta uskottavalla tavalla perustuu totuuden hämärtämiseen ja peittämiseen. Ne ovat monimutkaisia siksi, että niiden toimimattomuus peitetään monimutkaisiin selityksiin.

Meitä ei estä elämän ja toisten ihmisten ymmärtämisestä mikään muu kuin opitut käsitykset eli opetetut valheet ja halukkuutemme pitää niistä kiinni.

Mikä tahansa mikä ei ole totta, on mielikuvitustodellisuuden totuus, jonka avulla voimme tarkastella, mutta emme tosiasiallisesti ymmärtää, elämää ja toisia ihmisiä.

 *29. Miten halukkuutemme pitää kiinni opituista käsityksistä vaikuttaa kykyymme ymmärtää elämää ja itseämme?*

Jonkun toisen ymmärtäminen ei ole yksimielisyyttä, eikä välttämättä edes hyväksymistä, se on ajatuksen ja syiden ymmärtämistä.

Voiko eheyttää itse itsensä?

Kyllä voi, eikä kukaan voi tehdä sitä jonkun toisen puolesta.

Itsensä eheyttäminen on totuuden lähestymistä, jonka seurauksena sisäinen selkeys kasvaa. Se ei ole mitään muuta.

Sisäisen hämmennyksen syy on valheissa, joita olemme oppineet pitämään tosina.

 *30. Miksi hämmennyksen syy on valheissa?*

Hämmennys on ongelman ratkaisua, tai elämän tarkastelua, valheita soveltamalla, jolloin ajatuksia pyöritellään, mutta mitään todellista vastausta ei löydy.

Kun henkilö paneutuu kunnolla tietoon, joka auttaa löytämään sellaista mikä on totta ja hän näkee totuuden omin silmin, valheiden vaikutus heikkenee ja lopulta lakkaa. Se kasvattaa sisäistä selkeyttä ja tasapainoa.

 *31. Miksi totuuden näkeminen kasvattaa sisäistä selkeyttä?*

Voimme löytää maailman ajatuksen tarjoamaa apua eheytymiseen, mutta se ei ole eheytymistä, se on sopeutumista ja alistumista elämään maailman ajatuksen ehdoilla, ikään kuin se olisi todellisuus, joka pitää hyväksyä, koska muuta vaihtoehtoa ei ole, eikä voi olla.

Ainoa todellinen eheytyminen on sisäisen selkeyden kasvua, joka on aidon oman itsensä lähestymistä, se ei ole mihinkään alistumista, eikä jonkin ulkoisen käsityksen mielistelyä.

Elämä on sisäinen kokemus

Koemme elämämme sisällämme, eikä meillä ole muuta tapaa kokea sitä.

Saatamme etsiä ja löytää aineellisia nautintoja, mutta kokemus on sisäinen siinäkin tapauksessa.

Voimme etsiä nautintoa ulkoista arvostusta tuottavasta asiasta, mutta kokemus on sisäinen.

 *32. Miksi elämä on sisäinen kokemus?*

Ainoa todellinen saavutus on aidon oman tahdon edistymisessä ja toteutumisessa.

Kaikki muut saavutukset ovat epäonnistumisia, koska ne vievät väärään suuntaan ja ovat väärän elämän toteuttamista.

Maailman ajatus opastaa ulkoisten arvostusten elämään, jossa oma sisäinen aito tahto on epäsuosiossa, koska se pyrkii itsestä nousevien arvostusten elämään, eikä sitä voi ohjata ulkoa käsin.

Aito oma tahto on ristiriidassa maailman ajatuksen kanssa, valtapeliin opastavan ajatuksen kanssa, koska se on sisäisen vapauden asialla, eikä sisäisesti vapaa alistu valtapelin ehtoihin.

Ainoa tapa saavuttaa tasapainoinen ja eheä elämä, on saavuttaa sisäinen selkeys ja sen myötä aito minuus sekä oma tahto ja totuus.

 *33. Miksi vain totuus vapauttaa sisäiseen selkeyteen?*

Totuus

Totuus on viimekädessä ehdoton totuus eli absoluuttinen totuus.

Ehdoton totuus on meistä niin kaukana, että meidän on turha sitä pohtia tai arvuutella.

Meille olennaista on ymmärtää totuus tasolla, joka liittyy aitoon omaan tahtoomme, koska se on ainoa kullekin hyödyllinen ja käyttökelpoinen totuuden taso.

Totuus on saavutettu, kun se on saavutettu virheettömästi toimivalla tasolla verrattuna tarpeeseen.

 *34. Miksi totuus tulee oivaltaa aidon oman tahdon tasolla?*

Sen alittaminen on haitallista ja sen ylittäminen ei ole mahdollista, koska se ei vastaa aitoa tahtoamme.

Itse ei toimi aidosta tahdostaan poikkeavalla tavalla, vaikka henkilö mielikuvituksessaan muuta uskoisi haluavansa.

Totuudella tarkoitamme totuutta siitä keitä olemme, miksi olemme ja miten elämä toimii.

Olemme kasvaneet etsimään totuutta ulkopuoleltamme, koska olemme kasvaneet ulkoisen ajatuksen hallitsemiksi.

Totuus on kuitenkin sisällämme ja on aina ollut siellä. Meidän tulee vain muistaa se, palauttaa yhteytemme siihen.

 *35. Miksi henkilö saattaa pyrkiä poikkeamaan aidosta omasta tahdosta?*

28

Valhe

Valhe on mikä tahansa mikä peittää totuuden.

Maailman ajatus on valhe, koska se peittää meiltä totuuden.

 *36. Miksi valhe on mitä tahansa mikä peittää totuuden?*

Valheella ei ole mitään oikeuksia, totuudella on kaikki oikeudet.

 *37. Miksi valheella ei ole mitään oikeuksia?*

Valhetta käytetään luomaan mielikuva, joka ei ole totta ja siten vaikuttamaan siihen miten joku toimii.

Sen tarkoitus on alistaa ja hallita toisia. Se on valtapelin luonne.

Totuus nousee esiin, kun valhe paljastuu ja siitä johtuen valtapeli tekee kaikkensa, ettei valhe paljastuisi.

Toisia voi hallita ainoastaan valehtelemalla.

Ilman valhetta ei ole valtaa, on vapaa tahto.

 *38. Miksi ilman valhetta ei ole valtaa?*

Valtapeli tarjoaa totuuden käsitteenä oman todellisuuskuvansa rajoissa olevaa käsitystä, joka ei paljasta valtapelin valhetta.

Aito minuus eli Itse

Aidon minuuden lähestyminen ei ole älyllinen ongelma, se on kokemusongelma.

Itse ei ole rajallisuudessa, Itse luo rajallisuutta.

Ajattelu ja älyllisyytenä pidetyt ajatusten käsittelytavat ovat kaikki rajallisuudessa ja ne ovat luomuksia.

 *39. Miksi aidon minuuden lähestyminen ei ole älyllinen ongelma?*

Luomuksia käyttämällä ei voi löytää itseään.

Itseä ei voi lähestyä ajatuksilla, tai luomalla lisää ajatuksia, tai kehittämällä ajatuksia. Itse luo ajatukset henkilön näkökulmasta, eikä mikään niistä ole Itseä.

Ajatukset ovat yhtä paljon Itseä kuin savenvalaja on savikuppi.

 *40. Miksi ajattelemalla ei voi löytää itseään?*

Itsen lähestyminen on Itsen kokemista tavalla, jossa Itsestä erottava valhe vähenee.

 *41. Miksi valheiden vähentäminen johtaa Itsen lähestymiseen?*

Syntymisen syy

Kukaan ei synny ollakseen tekemättä mitään.

Itse ei luo mitään sattumalta. Tullakseen tähän maailmaan Itse tarvitsee syyn ja sen syyn se luo itse.

 *42. Miksi Itse ei luo mitään sattumalta?*

Ensin on ajatus tekemisestä ja se on syy tulla tähän maailmaan eli syntyä tähän maailmaan.

Tämä syy liittyy siihen kokonaisuuteen, joka on meidän yhteinen alkuperäinen tarkoituksemme. Emme luo erillisiä tarkoituksia.

Tämä syy on oma tahto ja se on ainoa asia, jonka tähden Itse luo henkilön tähän maailmaan. Omalla tahto on osa kokonaisuutta ja sen toteutuminen on kaikkien omien tahtojen etu ja tahto.

Tämä syy, oma tahto, on henkilön ainoa velvollisuus elämässä. Kaikki muut tarjotut velvollisuudet ovat valheita.

 *43. Miksi aito oma tahto on ainoa totuuteen perustuva velvollisuus?*

Tämä syy voi toteutua sen verran kuin henkilö on sisäisesti vapaa.

 *44. Miten aito oma tahto ja sisäinen vapaus liittyvät tosiinsa?*

Henkilö

Henkilö koostuu ajatuksista, jotka määrittelevät henkilölle todellisuuden ja toimivat vertailupohjana ulkoista maailmaa arvioitaessa.

 *45. Miksi henkilö koostuu ajatuksista?*

Itse rakentaa henkilönsä aloittaen syntyvästä lapsesta, jonka mieli on alkaneeseen elämään nähden tyhjä.

Elämässä Itse käyttää henkilöä, kokee elämän siitä näkökulmasta ja on henkilönä sen näkökulman rajoittama, mutta tietoisuutena edelleen rajaton.

Tämä seikka, että mieli on tyhjä, ei tarkoita sitä, että lapsi olisi itsestään tiedottomalla tavalla tyhjä. Lapsi on itsestään tietoinen henkilö alusta lähtien.

 *46. Miksi lapsi ei ole itsestään tiedoton?*

Tässä vaiheessa Itsen luoma tahto on tahto, jolla ei ole vielä hahmoa, mutta lapsi on tietoinen siitä.

Itse ei voi muodostaa lapsen mieleen tahtonsa mukaisesti ajatuksia, koska lapsen mielessä ei ole siihen tarvittavia välineitä.

Itse voi luoda ajatuksia lapsen mieleen sen näkökulman ehdoilla.

 *47. Miksi Itse ei voi luoda lapsen mieleen aidon oman tahdon mukaisesti ajatuksia?*

Jos lapsi kasvaa ympäristössä, joka voimakkaasti estää lasta muodostamasta mitään aidon oman tahtonsa suunnassa, lapsi tukahtuu ja kasvaa täysin ulkoisten ajatusten hallitsemaksi.

 *48. Miksi lapsi tukahtuu, jos ulkoinen apu ei tue oman alkuperäisen tahdon kasvua?*

Itse on se, joka luo lapsen mielen, mutta se on sidottu lapsen ominaisuuksiin ja voi luoda henkilön vain sen rajoissa ja toimia sen näkökulman rajallisuudessa, vaikka Itse on rajaton.

Kun puhumme henkilöstä tekijänä, on tekijä taustalla Itse, mutta se voi käyttää henkilöään vain henkilön kykyjen rajoissa.

Henkilöä voisi hyvällä syyllä verrata pelivälineeseen, jonka Itse luo oman tahtonsa toteuttamiseksi.

 *49. Miksi henkilöä voisi verrata pelivälineeseen?*

Jos henkilö kasvaa ulkoisen vaikutuksen vuoksi joksikin muuksi, ei henkilö ole Itsen hallussa, eikä sitä voi käyttää oman tahdon toteuttamiseksi.

 *50. Miten ulkoinen vaikutus voi vaikuttaa henkilöön?*

Mikäli henkilössä säilyy jokin yhteys omaan tahtoon, hän voi palauttaa itsensä aidon oman tahdon polulle.

 *51. Miksi tulisi palauttaa henkilönsä oman tahdon polulle?*

Keinohenkilö

Keinohenkilö on ulkoisten opetettujen ajatusten tuote.

Kasvaessaan lapsi kopioi henkisen ympäristönsä ja sen ajatukset.

Lapsi kopioi ajatuksen, eli hän tekee mieleensä ajatuksen, joka vastaa tarjottua ajatusta sen mukaisesti kuin hän ymmärtää sen.

Lapsi voi kopioida paljon enemmän kuin mitä aikuiset hänelle haluavat opettaa. Hän näkee enemmän kuin mitä hänelle halutaan kertoa.

Hän luo kopion itse ja laittaa sen mieleensä. Kukaan toinen ei voi laittaa hänen mieleensä mitään, eikä sen paremmin ottaa sieltä mitään pois.

 *52. Miksi kukaan toinen ei voi laittaa mitään henkilön mieleen, eikä myöskään ottaa sieltä mitään pois?*

Alussa lapsi kopioi kyseenalaistamatta, koska hänen henkilössään ei vielä ole ominaisuuksia, joilla kyseenalaistaa.

Henkilön kehittyessä, hän pystyy muodostamaan kasvavassa määrin ajatuksia itsekin ja siksi myös kyseenalaistamaan opetettua.

Opetetun kyseenalaistaminen voi olla hyvin vaikeaa, koska pohjimmainen käsitys elämästä on jo rakennettu, eikä se ole enää tietoisuudessa siten, että sitä tarkasteltaisiin, sitä sovelletaan.

Se toimii jo todellisuuskuvan muodostajana ja se on asioiden tarkastelussa käsitysten muodostaja, ei tarkastelun kohde. Henkilö ei ole tietoinen siitä ajatuksena, eikä voi tarkastella sitä, se ohjaa henkilön elämää todellisuusmääritelmänä.

 *53. Miksi ja miten tiedottomuudessa oleva pohjimmainen ajatus vaikuttaa henkilön käsityksiin?*

Henkinen ympäristömme pyrkii yhdenmukaistamaan käytöstä ja ajattelua maailman ajatuksen näkökulman mukaisesti. Se haluaa kaikkien määrittelevän tarkoituksen ja todellisuuden maailman ajatuksen pohjalta, ulkoisten ajatusten pohjalta.

Tarjottuun malliin kasvaminen on helppo vaihtoehto, koska sille ei juuri ole ulkoista vastusta. Jos sen hyväksyy täysin, ei koe mitään ristiriitaa sen kanssa. Ihmiset tulevat hyvin toimeen keskenään käyttäytymällä ja ajattelemalla sen mallin mukaan oikein.

Näin ihmisiä on helppo hallita, koska ulkoinen ajatus on hyväksytty määrääväksi ja oikeaksi. Ihmiset ovat kasvaneet kysymään ja käyttämään ulkoista vastausta määrittelemään oikean, väärän ja tarkoituksen.

 *54. Millä tavalla ulkoinen ajatus on hyväksytty määrääväksi tekijäksi ja miksi?*

Jotkut hallitsevat ja janoavat valtaa, ymmärtämättä, että heitä hallitsee ulkoinen ajatus.

Jotkut ovat yhteiskunnassa hyvissä asemissa ja tietämättäänkin he tukevat valtapeliä, koska heitä hallitsee ulkoinen ajatus.

Jotkut ovat hierarkian pohjalla, mutta hekin tukevat valtapeliä, koska heidänkin ajatteluaan hallitsee ulkoinen ajatus.

He ovat kaikki osa valtapeliä, vaikkakin eri näkökulmissa ja heidän ajatuksensa ja tuottamansa energia menevät valtapelin ylläpitämisen hyväksi.

 *55. Miksi ja miten he kaikki tukevat valtapeliä, jopa tietämättään?*

Keinohenkilöksi kasvanut on kaukana omasta alkuperäisestä tahdosta, koska hänen mielensä on täyttynyt valheellisista ajatuksista, jotka määrittelevät velvollisuuksia ja sidoksia ympäristöön.

Nämä valheelliset ajatukset ovat valtapelin ajatuksia, eivät henkilön omia.

Kun maailman ajatus kysyy mitä joku tahtoo, se kysyy sitä keinohenkilöltä, eikä se tarkoita aitoa omaa tahtoa, vaan opittujen arvostusten mukaan luotua keinohenkilötahtoa, joka valitsee tahtonsa kohteen tarjolla olevista sopivista vaihtoehdoista.

Ja näin keinohenkilö on syntynyt, mutta hän ei tiedä olevansa keinohenkilö, jota ulkoinen ajatus hallitsee. Hän uskoo oikeasti olevansa se henkilö. Se on hänen todellisuuttaan.

 *56. Miksi hän ei tiedä olevansa keinohenkilö?*

Jotkut aavistavat, jotkut tietävät, mutta harva on riittävän halukas ratkaisemaan tämän ongelman.

 *57. Oletko halukas ratkaisemaan tämän ongelman omalla kohdallasi?*

Tietoisuustaso ja vapaus

Henkilön tietoisuuden taso on se rajallisuustaso, jolla hän on. Se on jokin etäisyys ehdottomasta totuudesta.

Lähtökohtaisesti tietoisuustaso on sopiva alkuperäiselle omalle tahdolle, koska oma tahto on luotu sen mukaisesti.

Henkilön tietoisuus hämärtyy hänen omaksuessaan ympäröivän maailman ajatusta, joka maailmassamme on sisäistä vapautta tukahduttava valtapeliin perustuva ajatus.

 *58. Miksi henkilön tietoisuuden tila heikkenee syntymän jälkeen?*

Vapaus on lähtökohtaisen tietoisuustason vapautta ja sen näkökulman toteutumisen vapautta.

Tätä vapautta kahlitsee maailmamme opettama ulkoinen ajatus, joka pyrkii kasvattamaan lapsen ulkoisen ajatuksen hallitsemaksi.

Se ei auta lasta kasvamaan oman alkuperäisen tahtonsa tarpeiden mukaisesti. Paremminkin oman alkuperäisen tahdon olemassaolo kielletään tai vaietaan kuoliaaksi.

Maailmassamme sisäisen vapauden ongelma on maailman ajatuksen valhe, koska se on kaikkien sisäistä vapautta estävien ongelmien syy ja se estää sisäisen vapauden.

Ennen kuin tämä ongelma on ratkaistu, ei ole mitään syytä pohtia muita ongelmia. Se on ainoa ongelmamme ja vapauden avain.

 *59. Miksi maailman ajatuksen valhe, valtapeli, on ainoa ongelmamme?*

Ajattelu

Ajattelu on ajatusten tarkastelua ja niiden pyörittelyä.

Ajatukset ovat käsityksiä todellisuudesta, eivät itse todellisuus.

Jos opiskelemme ajatuksia ja ajattelemme niiden pohjalta, perustelemme ajatuksiamme ajatuksilla, emme todellisuudella.

On lukuisia oppeja, jotka haluavat asettua todellisuuden ja tarkastelijansa väliin kertoakseen mitä jonkin on ja opetus on valmiin vastauksen oppimista, ei todellisuuden tarkastelua.

 *60. Miksi ajatus todellisuudesta ja todellisuus eivät ole sama asia?*

Alkuajatus ei ole totuus, se on väline totuuden tarkasteluun. Sitä ei pidä tarkastella totuutena, vaan käyttää välineenä totuuden tarkastelussa.

Alkuajatuksen esittämiä kuvauksia ei tule käyttää pyrkimykseen ajatella loogisesti ja löytää totuus ajattelemalla.

Henkilö, joka tarkastelee ajatuksia, ei tarkastele todellisuutta, hän tarkastelee mielessään olevia ajatuksia.

Ainoa tapa tavoittaa totuus, on totuuden itsensä tarkastelu. Ajatus siitä on ainoastaan käsitys siitä, ei totuus.

Totuutta ei voi kirjoittaa tai lausua sanoiksi tai piirtää kuviksi, mutta sitä voi kuvailla tavalla, joka auttaa lähestymään sitä.

 *61. Miksi kirjoitettu tai muu ilmaisu ei ole totuus, mutta voi olla kuvaus totuudesta?*

Maailman ajatus

Maailman ajatus on kullekin sitä, mitä hänen elinympäristössään olevat ja toteutuvat ajatukset ovat.

Maailman ajatus toteutuu eri kulttuureissa ja ympäristöissä eri tavoin, mutta se on pohjimmiltaan sama, vain sen toteutumistavat ovat erilaisia.

Maailman ajatuksen pohjimmainen ajatus on valtapeli.

Valtapeli voi olla näkyvää vallantavoittelua, joka ilmenee esimerkiksi politiikassa ja liike-elämässä sekä rikollisuudessa.

Se voi olla melko näkymätöntä vallan järjestyksen ylläpitämistä hyväksymällä valtapelin arvostukset ja tukea omalla työllään sen ylläpitämistä sekä hyödyntämällä sen tarjoamaa asemaa.

Joka tapauksessa se ilmenee kaikessa ihmisten kanssakäymisessä, niin kodeissa ja kouluissa kuin työelämässä ja hallinnossakin.

 *62. Miten valtapeli näkyy ihmisten kanssakäymisessä eri ympäristöissä?*

Valtapeli on syvällä ihmisten mielissä ja se vaikuttaa ihmisten käyttäytymiseen jokapäiväisessä elämässä kaikkialla ja kaikessa.

Sen pohjalle rakentuvat käytöstavat, moraali, arvostukset ja todellisuuskuva.

 *63. Miten valtapeli näkyy ihmisten käytöksessä eri tilanteissa?*

Valtapeli palkitsee vallalla, rahalla ja asemalla.

Se haluaa sitoa kaikki valtapeliin, koska valta pyrkii alistamaan kaikki ja se tarvitsee myös häviäjiä mukaan peliin, koska ilman häviäjiä, ei ole voittajia, ilman alistettuja ei ole alistajia, ilman hyväksikäytettyjä ei ole hyväksikäyttäjiä.

Siinä on voittajia ja häviäjiä, jotka molemmat pelaavat valtapeliä, vaikka häviäjiltä asema, rahat ja valta ovatkin menneet tai jääneet tulematta. Valtapeli hakee voimansa kaikilta ja se jakaa voimansa voittajilleen.

 *64. Millä tavalla ja mistä valtapeli saa voimansa?*

Valtapelin lakkaamaton pyrkimys on säilyttää ja kasvattaa valtaa.

Valtapelin tuotteita ovat alistaminen, sodat ja rikollisuus.

Valtapeli pitää hallussaan kaiken mahdollisen, millä se voi pönkittää valtaansa, kuten energian, ruoan ja raaka-aineet sekä maa- ja merialueet. Se on kaikkialla ja kaikessa.

Osallistumme siihen kaikki, jos hyväksymme sen ja alistumme sille. Keinohenkilön tie on valtapelin tie. Valtapeli pysyy yllä, koska olemme itse sen ylläpitämisestä yksimielisiä.

Henkilö, joka ryhtyy sisäisen vapauden tielle, ei enää osallistu siihen, hän on aloittanut siitä irtautumisen, vaikka hän edelleen olisi siinä jossain määrin kiinni esimerkiksi työn ja opittujen ajatusten kautta tai käytännön syistä.

 *65. Ketkä kaikki ovat valtapelissä ja tukevat sitä?*

Valtapelille alistuminen on ulkoiselle ajatukselle alistumista, jonka ainoa vaihtoehto on sisäinen vapaus yksilötasolla ja vapaa maailma ihmiskunnan tasolla.

 *66. Miksi valtapeliin osallistuminen on ulkoiselle ajatukselle alistumista?*

Vapaata maailmaa ei voi saavuttaa vallankumouksella tai muulla tavalla pelaamalla valtapeliä.

Millä tavalla jokin on saavutettu, sillä tavalla se pysyy yllä, koska se on rakennettu sen tavan mukaisesti, sen periaatteen päälle.

Valtapeli ei katoa valtapelillä, sillä ainoastaan muutetaan valtapelin ilmenemisen muotoa.

 *67. Miksi vapaata maailmaa ei voi saavuttaa vallankumouksella?*

Vapaa maailma

Vapaa maailma on sisäisen vapauden maailma, jossa kunkin elämää ohjaa aito ja alkuperäinen oma tahto, joka on aina hyvä.

Siinä maailmassa ei ole alistajia, koska aito oma tahto ei alista toisia, eikä pyri määräilemään toisia, vaan kunnioittaa jokaisen sisäisen vapauden oikeutta.

Siksipä siinä maailmassa ei ole myöskään rikollisuutta, sotia tai valtaa.

 *68. Miksi vapaassa maailmassa ei ole rikollisuutta, sotia tai valtaa?*

Yhteiskunta vapaassa maailmassa toimii vapaiden tahtojen summana, ei jonkin ajatuksen alistamana.

Valtapelin ehdoilla ajattelevan mielestä sellainen maailma on uneksintaa, pilvilinna, joka ei ole mahdollinen.

Tosiasiassa se on täysin mahdollinen, jos ymmärrämme, että valtapeli on olemassa siksi, että me itse toteutamme sitä.

Mikään ei estä meitä sen lakkauttamisesta, paitsi ne valheet, joita pidämme itse yllä.

Valtapeli perustuu valheisiin. Vapaa maailma perustuu totuuteen.

Kun lakkaamme valehtelemasta, olemme vapaassa maailmassa.

 *69. Miten ja miksi me voimme lakkauttaa valtapelin?*

Vastaukset

Vastaus johonkin kysymykseen on vastaus jostain näkökulmasta katsoen. Siihen näkökulmaan vaikuttavat kyseinen aika, arvostukset, koettu tahto ja kykymme ymmärtää todellisuutta.

Mikään vastaus ei ole ikuisesti oikea, mutta täysin oikea vastaus jostain tietystä näkökulmasta katsoen, on juuri siitä käsin nähden ainoa oikea vastaus.

Maailman ajatus haluaa meidän etsivän vastauksia sen näkökulmasta.

 *70. Miksi maailman ajatus haluaa meidän etsivän sen näkökulmasta vastauksia?*

Oman itsemme näkökulmasta katsoen tarvitsemme vastauksia, jotka ovat vastauksia aidon oman tahtomme näkökulmasta katsoen.

 *71. Miksi tarvitsemme vastauksia omasta näkökulmastamme katsoen?*

Kun haluamme tietää mitä tahdomme tehdä, tulee meidän ensin löytää aito oma tahtomme. Voidaksemme löytää sen, meidän tulee oppia kuuntelemaan itseämme tavalla, joka on vapaa ulkoisesta vaikutuksesta, koska muutoin emme kuule itseämme.

 *72. Miksi oppia kuuntelemaan aitoa itseään?*

Oma vastaus

Emme tarvitse valmiita vastauksia, joita ympäristö suoltaa mielellään. Tarvitsemme jotain, mikä auttaa meitä löytämään omat vastauksemme.

Oma vastaus on tyhjentävä vastaus omaan kysymykseen. Kun vastaus on tyhjentävä, se on riittävän täydellinen sillä hetkellä.

Oma vastaus perustuu omaan oivallukseen, omaan ymmärrykseen ja se on vastaus aidon oman tahdon tarpeisiin. Sitä vastausta ei voi kukaan toinen antaa, se on itse löydettävä.

Täysin oma vastaus on vastaus, joka on oikea verrattuna aitoon omaan tahtoon ja se on selkeä henkilölle itselleen. Asiaan liittyvä epävarmuus lakkaa. Hän tietää mitä hän tahtoo.

Kun omaa vastausta sovelletaan käytäntöön, on tulos hyvä ja elämään nähden toimiva. Henkilön elämä muotoutuu hänen aidon tahtonsa mukaisesti.

 *73. Miksi aito oma vastaus on tärkeä asia?*

Lopullinen selkeys tulee useimmiten askel askeleelta. Jossain hetkessä henkilö kokee näkevänsä selvästi. Tarkemmalla tarkastelulla hän huomaa, ettei se riittänytkään ja paneutuu asiaan uudestaan. Hän kohottaa vastauksen laatua.

On huomattava, että ponnistamalla tai päättäväisyydellä ei luoda omaa vastausta. Se löydetään sisältä, kaikessa rauhassa.

 *74. Miksi oma vastaus ei ole päättäväisyyden tai ponnistamisen tuote?*

44

Todellinen minuus eli Itse

Todellisen minuuden lähestyminen ei ole älyllinen ongelma, se on kokemusongelma.

Itse ei ole rajallisuudessa, Itse luo rajallisuutta.

Ajattelu ja älyllisenä pidetyt ajatusten käsittelytavat ovat kaikki rajallisuudessa ja ne ovat luomuksia.

 *75. Miksi minuuden lähestyminen ei ole älyllinen ongelma?*

Luomuksia käyttämällä ei voi löytää itseään.

Itseä ei voi lähestyä ajatuksilla, tai luomalla lisää ajatuksia, tai kehittämällä ajatuksia. Itse luo ajatukset henkilön näkökulmasta käsin, eikä mikään niistä ole Itseä.

Ajatukset ovat yhtä paljon Itseä kuin savenvalaja on savikuppi.

Itsen lähestyminen on Itsen kokemista tavalla, jossa Itsestä erottava valhe vähenee.

 *76. Miksi valheen väheneminen lähentää henkilöä Itseen?*

Itsensä kuunteleminen

Itsensä kuunteleminen on aidon oman sisäisen äänen kuuntelemista. Avain on rehellisyydessä itselle.

Kyseessä ei ole ääni siinä mielessä, että henkilö kuulisi jonkun puhuvan, vaan tunne, joka puhuttelee henkilöä.

Se ei ole ajatusten tuote, eikä se missään tapauksessa ole opittujen hyväksyttävien ajatusten ja ajatustapojen tuote.

Jos henkilö pysähtyy yleisesti hyväksyttyjen arvojen ja yleisesti määritellyn hyvän sekä oikean vastauksiin, hän ei koskaan saavuta aitoa minuuttaan.

Tällöin hän löytää sen mikä on tavallisin tapa luoda hyvä ihminen. Sen tulos on hyvää teeskentelevä ihminen, joka on ympäristön käsityksiä mielistelevä ihminen.

 *77. Miksi yleisesti hyväksyttyjen arvojen vastauksiin tyytyvä ei koskaan saavuta aitoa minuuttaan?*

Aito minuus ja aito oma tahto eivät ole opittuja, eivätkä maailmalla vallitsevien käsitysten, moraalin tai arvojen määrittelemiä, eivätkä myöskään yhteiskunnan tai toisten ihmisten keksimien tarpeiden määrittelemiä, jotka ovat kaikki ulkoista ajatusta.

Itsensä kuunteleminen on todellisen minuuden kuuntelemista ja omaa elämää koskevien vastausten löytämistä sisältään. Se on alkuperäistä minuutta.

 *78. Mikä on alkuperäistä minuutta?*

Aktiivichatti netissä

Kullakin aktiivikirjalla on oman aiheensa mukainen Aktiivichatti netissä. Osallistuminen edellyttää, että osallistujalla on tämä kirja.

Osallistuminen on maksuton kirjan ensimmäiselle ostajalle tai omistajalle. Yhden henkilön osallistuminen chattiin sisältyy kirjan hintaan.

Löydät linkin Aktiivichattiin ja Oivalluschattiin Alkuajatuksen kotisivulta etusivun linkistä tai toimintaosiosta.

Aktiivichatti netissä on keskustelua Alkuajatuksen tavalla. Saat siitä hyvän alustavan kuvan tämän kirjan luvusta "Kuinka paneutua", sivu 10.

Kotisivun toimintaosiosta löydät ajankohtaisen, viimeisen version Alkuajatuksen Oivalluspajanoppaasta. Se kertoo miten Aktiivi- ja Oivalluschatit sekä Oivalluspaja suoritetaan ja miten saat mahdollisimman hyvän hyödyn siitä. Opas on maksuton.

Ennen kuin osallistut Aktiivichattiin, tutustu myös Oivalluspajan-oppaaseen niin, että ymmärrät sen. Voit halutessasi lähettää kysymyksiä chateista ja Oivalluspajasta kotisivulta.

Jos aluksi arastelet chatissa kirjoittelua, älä koe pakkoa kirjoittaa mitään. Lueskele toisten keskustelua ja kun itse koet, että olet halukas kirjoittamaan omia viestejä, ala kirjoittaa.

Chateissa voit halutessasi olla täysin tuntematon, anonyymi.

Aktiivichattien lisäksi voit osallistua myös Oivalluschatteihin.

www.alkuajatus.org

Hannu:

Alkuajatus - Elämän pieni käsikirja

Tämä esittelee Alkuajatuksen perusteet ja tällä voit syventää näkemystäsi.

Lue lisää kotisivulla.

Nidottu - 15,5 x 22 cm - 276 s. - ISBN 9789524982900

Hannu:

Opi kuuntelemaan itseäsi 2 aktiivikirja

Opi kuuntelemaan itseäsi -sarjan toinen osa. Miten löydämme itsemme ja kuinka saamme vähennetyksi ulkoista vaikutusta. Julkaisun yhteydessä kirja ilmestyy kotisivulle. Julkaistaan kesällä 2013.

Hannu:

Särkyneiden sydänten aktiivikirja

Paneudu särkyneiden sydänten ongelmaan tavalla, jolla löydät ymmärrystä todellisiin syihin ja kasvatat sisäistä vapauttasi ns. sydämenasioissa. Hyvä teos rakkausasioihin, vaikka sydän ei olisikaan särkynyt.

Nidottu - 15,5 x 22 cm - 48 s. - ISBN: 9789522865809

www.alkuajatus.org

Ilmoittaudu kotisivulla postituslistaan, niin saat sähköpostiisi tietoa Alkuajatuksen tapahtumista.

Anna itsellesi mahdollisuus, paneudu perusteellisesti elämäsi keskeisimpään asiaan, joka on aito oma tahto.

Maailman ajatus opettaa, miten löydät tavaroita ja keinohenkilön. Alkuajatus opettaa miten löydät itsesi ja aidosti oman elämän.

www.alkuajatus.org